BEI GRIN MACHT SICH IHR WISSEN BEZAHLT

- Wir veröffentlichen Ihre Hausarbeit,
  Bachelor- und Masterarbeit

- Ihr eigenes eBook und Buch -
  weltweit in allen wichtigen Shops

- Verdienen Sie an jedem Verkauf

Jetzt bei www.GRIN.com hochladen
und kostenlos publizieren

Mathias Hirsch

Grundlagen des Projektmanagements anhand eines Praxisbeispiels der Bundeswehrverwaltung

GRIN Verlag

Bibliografische Information der Deutschen Nationalbibliothek:

Die Deutsche Bibliothek verzeichnet diese Publikation in der Deutschen National-
bibliografie; detaillierte bibliografische Daten sind im Internet über http://dnb.d-
nb.de/ abrufbar.

Impressum:

Copyright © 2012 GRIN Verlag GmbH
Druck und Bindung: Books on Demand GmbH, Norderstedt Germany
ISBN: 978-3-656-49963-3

Dieses Buch bei GRIN:

http://www.grin.com/de/e-book/232902/grundlagen-des-projektmanagements-
anhand-eines-praxisbeispiels-der-bundeswehrverwaltung

GRIN - Your knowledge has value

Der GRIN Verlag publiziert seit 1998 wissenschaftliche Arbeiten von Studenten, Hochschullehrern und anderen Akademikern als eBook und gedrucktes Buch. Die Verlagswebsite www.grin.com ist die ideale Plattform zur Veröffentlichung von Hausarbeiten, Abschlussarbeiten, wissenschaftlichen Aufsätzen, Dissertationen und Fachbüchern.

Besuchen Sie uns im Internet:

http://www.grin.com/

http://www.facebook.com/grincom

http://www.twitter.com/grin_com

Grundlagen des Projektmanagements anhand eines Praxisbeispiels der Bundeswehrverwaltung

Hausarbeit im Kurs

Projektmanagement

Vorgelegt von

Mathias Hirsch

Kassel, 11.05.2012

Inhaltsverzeichnis

1. Einleitung

„Die Kunst, Pläne zu machen, besteht darin, den Schwierigkeiten ihrer Ausführung zuvorzukommen.[1]"

Dennoch verlangt es mehr als „Planung", wenn man heutzutage Erfolg bei der Durchführung von Projekten und Plänen haben möchte. An dieser Stelle kommt die Projektplanung ins Spiel, ein wichtiger Schritt zur Verwirklichung von Projekten, gleich welcher Größe.

Ziel dieser Hausarbeit ist es, die ersten Schritte des Projektmanagements von der Situationsanalyse über die Problemanalyse bis zur Zieldefinition anhand eines praktischen Beispiels zu erläutern. Auslöser des zu bewältigenden Projektes ist die Weisung, einen neuen Standort an die bestehende IT-Infrastruktur der Bundeswehr anzubinden, um so einen reibungslosen Ablauf der Schließung eines Standortes auf der einen und der Errichtung eines anderen auf der anderen Seite zu realisieren.

Neben der grundlegenden Definition eines Projektes, soll im Rahmen der weiteren Ausführungen vorrangig auf die Start- und Planungsphase eingegangen werden, wobei die Steuerungs- und Abschlussphase weitgehend unberücksichtigt bleiben.

Nachfolgend wird die Situationsanalyse skizziert, in welcher eine genauere Beschreibung des Projektes erfolgen soll, die Ausgangssituation ermittelt wird und die Projektziele festgelegt werden. Es folgen neben der Problemanalyse die Erläuterung der „SMART[2]"en Ziele und ein Fazit zur Wichtigkeit des Projektmanagements.

2. Definition Projekt

Nach DIN 69901[3] ist ein Projekt ein ‚Vorhaben', welches im Wesentlichen durch die Einmaligkeit der Bedingungen in ihrer Gesamtheit gekennzeichnet ist, z. B. Zielvorgabe, zeitliche, finanzielle, personelle und andere Begrenzungen, Abgrenzungen gegenüber anderen Vorhaben und projektspezifische Organisation. Wendet man diese Definition auf das o.g. Vorhaben an, so kommt man zu dem Schluss, dass es sich hierbei um ein Projekt handeln muss, da die Neuerrichtung ein einmaliger Vorgang ist oder klare Zielvorgaben mit zeitlichen, finanziellen und personellen Beschränkungen gegeben sind. Hiermit grenzt sich das vorliegende Projekt eindeutig von der Linienorganisation ab, zumal auch hierfür eine projektspezifische „Organisation" gegründet wird.

---

[1] Luc de Clapiers Vauvenargues, (1715 - 1747), Marquis de, französischer Philosoph, Moralist und Schriftsteller

[2] **SMART** ist ein Akronym für „**S**pecific **M**easurable **A**ccepted **R**ealistic **T**imely" und dient im Projektmanagement als Kriterium
   zur eindeutigen Definition von Zielen im Rahmen einer Zielvereinbarung.

[3] DIN 69901-1 „Grundlagen" des Deutschen Instituts für Normung e.V.

3. Situationsanalyse

Die Situationsanalyse, welche ein wichtiger Teilprozess der Initiierung ist, ist eine Lagebeurteilung, welche die Projektidee im Hinblick auf das Projektumfeld untersucht, strategisch einordnet und Konsequenzen für die Realisierung prognostiziert[4]. Es ist wichtig, dass hierdurch der IST-Zustand erkannt wird, denn nur auf Grundlage dessen, ist es möglich, einen Startpunkt zu ermitteln und etwaige Probleme im Vorfeld zu erfassen.

Hier stellen sich Fragen wie: „Wo stehen wir? Was ist der Auslöser des Projektes? Wer ist vom Projekt betroffen? Was sind kritische Erfolgsfaktoren?"[5]

Angewandt auf das vorliegende Beispiel ergibt sich als Auslöser des Projektes die Weisung der Dienststellenleitung zur Neuerrichtung eines Standortes. Die Mitarbeiter sind die Betroffenen, welche im Vorfeld des Projektes bereits mit der IT-Infrastruktur der Bundeswehr arbeiten und nach Umsetzung des Projektes am neuen Standort verzugslos wieder in die IT-Infrastruktur eingebunden werden müssen.

Die einzelnen Projektziele spezifizieren sich anhand konkreterer Fragestellungen, wobei die Kernfrage lautet: „Mit welchen Ressourcen soll welches Ergebnis erzielt werden." Bezogen auf das vorliegende Projekt soll eine Ausfallquote von < 5% an Hard- und Software mit vorhandenem IT-Fachpersonal gewährleistet werden.

Der idealtypische Ablauf einer Situationsanalyse sieht wie folgt aus:

- Einholen von Basisinformationen

- Festlegen einer Untersuchungsstrategie

- Datenerfassung

- Erhebung primärer Entwicklungsfaktoren (z. B. notwendige Technologien)

- Untersuchung der dispositiven Bereiche (Ressourcen, Logistik)[6]

4. Problemanalyse

„Problemlösen ist das, was man tut, wenn man nicht weiß, was man tun soll".[7] Ausgehend von dieser Gedankengrundlage sollte eine Analyse des Problems folgende Gedanken enthalten:

- die Diskussion des Soll-Zustands (Zielvorstellung),

---

[4] Vgl. Peter Nausner: Projektmanagement, S. 128 ff. Utb; Auflage: 1., Aufl. (1. September 2006)
[5] Vgl. Susanne Kowalski: Projekte planen mit Excel, S. 23
[6] Vgl. Nausner a.a.O. S 128 f.
[7] G. H. Wheatley: Problem solving in school mathematics. Im Original: „What you do when you don't know what to do"

- die Analyse des Ist-Zustands,

- die Bewertung der Abweichung[8]

Eine detaillierte Problemanalyse ist in der Regel bereits ein entscheidender Teil des Problemlösungsprozesses, weil schon in dieser Phase erste Lösungsansätze deutlich werden. Eine Projektidee ist im Grunde eine mögliche Lösung für ein bestehendes Problem.

Bezogen auf das vorliegende Beispiel kann dies tabellarisch aufbereitet werden:

Wie äußert sich das Problem?	Was könnte die Ursache sein?	Was könnte getan werden?	Was spräche eventuell dagegen?
Fehlende Datenanschlüsse am neuen Standort	Fehlende Weitergabe der benötigten Daten	Überprüfung des Informationsflusses	Kosten Zeitmangel
	Technische Realisierung nicht möglich	Auftragserteilung an Fremdfirma	Kosten
	...	...	...

Tab. 1: Problemanalyse

Hierbei wird deutlich, dass neben den möglichen fehlenden Informationen, vor allem die finanziellen Ressourcen, aber auch Zeitmangel als Auslöser für die möglicherweise auftretenden Probleme in Frage kommen.

Auf der Grundlage der Problemanalyse und der damit möglichen und im Vorfeld zu lösenden Problemen, kann ein weiterer Baustein im Projekt in Angriff genommen werden, die Zieldefinition.

5. Zieldefinition

Eine ausgearbeitete Zieldefinition ist der Grundstein erfolgreichen Projektmanagements. Nur wenn Ziele klar und deutlich dargestellt werden, können sie präzise und damit erfolgreich umgesetzt werden.

Ziele sollen hierbei nach dem sogenannten SMART-Prinzip definiert werden, welches wie folgt übersetzt werden kann:

---

[8] Vgl. Nausner a.a.O. S. 129

S	Spezifisch	Ziele müssen eindeutig definiert sein
M	Messbar	Ziele müssen messbar sein
A	Akzeptiert	Ziele müssen von den Empfängern akzeptiert werden
R	Realistisch	Ziele müssen möglich sein.
T	Terminierbar	zu jedem Ziel gehört eine klare Terminvorgabe

Tab. 2 – SMART Ziele (eigene Darstellung)

Für das vorliegende Projekt kann man die angesprochenen Prinzipien wie folgt näher definieren:

S	Spezifisch	Eindeutige Ausstattungsvorgabe pro Arbeitsplatz
M	Messbar	Überwachung anhand routinierter Datenprotokolle
A	Akzeptiert	Da die Mitarbeiter auch am neuen Standort ihre vertraute Arbeitsumgebung vorfinden möchte, ist die Akzeptanz gegeben.
R	Realistisch	Die Terminierung erfolgte unter Mitarbeit des zuständigen IT-Fachpersonals – eine realistische Umsetzung ist damit gegeben.
T	Terminierbar	Da die Termine zum Rückbau einer- und zum Rollout andererseits gegeben waren, ist das Projekt terminierbar.

Tab. 3 – Projektgebundene SMART-Ziele (eigene Darstellung)

Die dargestellten Ziele sollen unmissverständlich formuliert sein und wenig Interpretationsspielraum lassen. Bei der weiteren Betrachtung der Ziele kann man diese u.a. unterteilen in Systemziele und Vorgehensziele. Erste definieren die Qualitäten des Produktes, das entwickelt werden soll (Funktionalität, Leistungsmerkmale, Logistikanforderungen, Berücksichtigung gesetzlicher oder ökologischer Anforderungen). Vorgehensziele wiederum beschreiben operative

Anforderungen an den Projektverlauf (Zeit, Kosten und organisatorische Rahmenbedingungen).[9]

Projektziele sollten so formuliert werden, dass nach Abschluss des Projektes der Grad der Zielerreichung festgestellt werden kann.

Dabei sollte das Augenmerk darauf gerichtet sein, dass u.a. folgende Teilziele berücksichtigt werden:

- Sachziele (Was soll erreicht werden? Hier: Betriebsbereitschaft nach Errichtung),

- Leistungsziele (Wie soll es erreicht werden? Hier: Mit den zur Verfügung stehenden finanzielle und personellen Mitteln),

- Terminziele (Wann soll es erreicht werden? Hier: Stichtag zur Errichtung vorgegeben) und

- Ressourcenziele (Womit soll es erreicht werden? Hier: vorgegebene personelle Kapazitäten),

Um Missverständnissen vorzubeugen, sollten Ziele vollständig beschrieben, dokumentiert und vom Auftraggeber schriftlich bestätigt werden. Bei technischen Projekten können Projektziele in Form von Anforderungskatalogen (Sichtweise und Wünsche des Auftraggebers) und Pflichtenheften (Detaillierung der Anforderungen und fachliches Grobkonzept des Objektes/Produktes) festgelegt.

Für die Formulierung von Projektzielen haben sich folgende Regeln bewährt[10]:

- Lösungsneutrale Zielformulierung, um Spielraum für kreative Ansätze zu lassen.

- Realistische Ziele, die fordern, aber nicht demotivieren.

- Festlegen von Zielhierarchien bei Zielen, die miteinander in Konflikt stehen.

Ziele sollten widerspruchsfrei formuliert sein. Abhängigkeiten von Zielen sind zu bedenken. Im vorliegenden Fall ist man davon ausgegangen, dass die hergestellte Arbeitsfähigkeit zum Stichtag ohne Server- oder Systemausfälle mit dem bereitgestellten Personal als Projektziel eindeutig genug definiert ist.

Im vorliegenden Projekt wurde im Rahmen der Teilzielanalyse auf Grund mangelnder finanzieller Ressourcen größerer Wert auf die Kompensation dieser mit personellen Ressourcen gelegt, da z.B. die Fremdvergabe durch verstärkten Einsatz eigener IT-Spezialisten ausgeglichen wurde. Da diese im Zeitrahmen auch zur Verfügung standen, wurden keine unrealistischen Ziele verfolgt, vor allem vor dem Hintergrund, dass eine Überführung in den sogenannten Ziel-Betrieb finanziell gar nicht leistbar gewesen wäre.

---

[9] Litke, Hans-Dieter, Projhektmanagement, S. 33
[10] Schelle, Heinz: ProjektManager (2008), S. 23 ff.

6. Fazit

Projektmanagement bedeutet mehr als reine Planung, sondern bezieht im Grunde die gesamte Organisation, Planung, das Controlling und die Dokumentation eines Projektes mit ein, auch wenn dies in der vorliegenden Hausarbeit auf Grund der Kürze kaum definierbar war.

Wichtig beim Projektmanagement ist vor allem die Einbeziehung der Erfolgsfaktoren am Beginn eines Projektes, denn eine gut vorbereitete Start- und Planungsphase stellt die Weichen für einen reibungsarmen Verlauf des weiteren Projektes. Diese Phasen entscheiden grundlegend über die Qualität und somit über den Erfolg des Projektes, auch weil in dieser Phase die (meist theoretischen) Einflussvariablen vergleichsweise kostengünstig und schnell verändert werden können.

Inwieweit ein Projekt ein Erfolg oder Misserfolg wird, liegt insbesondere in der Start- und Planungsphase, welche hier kurz anhand eines praktischen Beispiels dargestellt wurde.

Quellenverzeichnis

DIN 69901-1

„Grundlagen" des Deutschen Instituts für Normung e.v.

Nausner, Peter:
Projektmanagement
1. Auflage (1. September 2006), Utb-Verlag, Wien

Kowalski, Susanne:
Projekte planen und steuern mit Excel
1., Auflage, Haufe-Lexware; 2007

Litke, Hans-Dieter:
Projektmanagement: Methoden, Techniken [...]
5. Auflage, Carl Hanser Verlag GmbH & CO. KG; (5. Juli 2007)

Schelle, Heinz:
ProjektManager
3. Auflage, GPM Deutsche Gesellschaft für Projektmanagement; (2008)

G. H. Wheatley:
Problem solving in school mathematics.
MEPS Technical Report 84.01, West Lafayette, Indiana, Purdue University,
School of Mathematics and Science Center, 1984